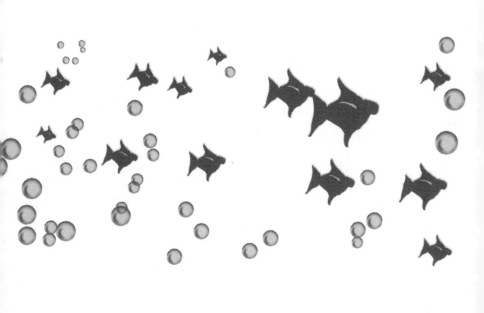

Boy's Love: Os mistérios de Llyr

Dana Guedes

Ilustrações: Ericksama

primeira edição

editora draco

são paulo

2016

Dana Guedes
é autora do sucesso *Boy's Love - Flor de Ameixeira* e dos contos *Daruma* (publicado em *Boy's Love - sem preconceitos, sem limites*), *Homérica Pirataria*, *V.E.R.N.E. e o Farol de Dover*, entre outros de fantasia e aventura, gêneros pelos quais é apaixonada. Também trabalha como roteirista, ama viajar e busca inspiração em diferentes culturas e linguagens. Facebook.com/dana.guedes

© 2016 by Dana Guedes

Todos os direitos reservados à Editora Draco

Publisher: Erick Santos Cardoso
Produção editorial: Janaina Chervezan
Revisão: Ana Lúcia Merege
Ilustrações: Ericksama
Capa e editoração digital: Ericksama

Dados Internacionais de Catalogação na Publicação (CIP)
Ana Lúcia Merege 4667/CRB7

Guedes, Dana
    Boy's Love: Os mistérios de Llyr / Dana Guedes – São Paulo: Draco, 2016

ISBN 978-85-8243-177-1

1. Contos brasileiros 2. Literatura Brasileira I. Título

CDD-869.93

Índices para catálogo sistemático:
1. Ficção : Literatura brasileira 869.93

Primeira edição, 2016

Editora Draco
R. César Beccaria, 27 – casa 1
Jd. da Glória – São Paulo – SP
CEP 01547-060
editoradraco@gmail.com
www.editoradraco.com
www.facebook.com/editoradraco
Twitter e Instagram: @editoradraco

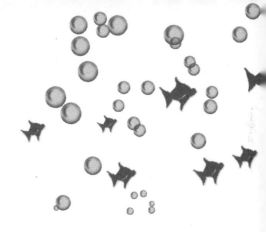

A toda minha família e amigos, que me apoiam em cada passo na jornada para um sonho. E para você, querido leitor ou leitora, por transformar a história deste livro em realidade dentro do seu coração.

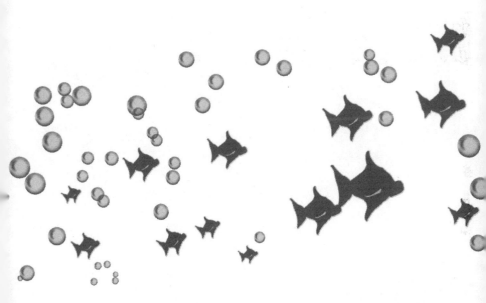

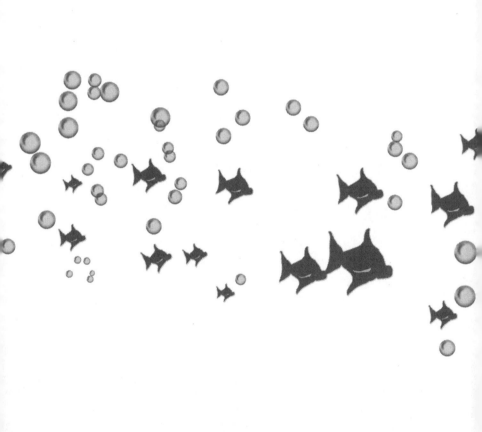

O cheiro doce do pão de canela se espalhava até mesmo porta afora da Confeitaria Madrepérola. Era a especialidade do lugar. A massa enroladinha, macia e coberta com glacê atraía clientes de todos os lugares da cidade e formava filas intermináveis a cada horário de nova fornada.

O ritmo de atendimento era intenso, mas Julian estava acostumado. Cuidava do balcão havia três anos, sempre com maestria. Suas mãos grandes faziam os pacotes com perfeição e rapidez, pedido após pedido, da mesma forma com que servia os pães e doces nos pratos para os clientes que os consumiriam nas mesinhas do estabelecimento.

Era a mesma rotina, todos os dias. Os mesmos horários. Quase sempre os mesmos clientes. Julian, no entanto, não podia reclamar. Na verdade, até gostava. O trabalho não era difícil e vez ou outra era chamado para ajudar na cozinha, onde sempre aprendia algo novo que usava na hora de cozinhar suas próprias refeições. Apesar de não ser a carreira dos sonhos, o salário era bom, fator decisivo para um rapaz que vivia sozinho.

Ao entardecer, depois da última fornada de pães de canela, o movimento da confeitaria diminuiu como de costume. Poucos clientes ocupavam o lugar, terminando seus cafés e conversas.

As vozes eram baixas e ouvia-se a música ambiente e o grasnar das gaivotas no porto.

Aquele era outro dos motivos que faziam Julian gostar de seu trabalho: o lugar.

A Madrepérola ficava num dos pontos mais altos de Upper Gate. Uma visão privilegiada da cidade portuária, com suas ladeiras, colinas e construções cravadas na montanha. Das janelas da doceria, tinha a mais bela vista do pôr do sol. O círculo de fogo mergulhando no oceano, resplandecendo o céu e a água com seus tons de laranja e cor-de-rosa.

Enquanto observava, Julian encostou suas pernas longas num dos bancos e tirou a bandana do uniforme, deixando a franja comprida e negra cair sobre seus olhos escuros.

— Cuidado, Julian. Assim a pobre moça da mesa três vai morrer do coração — Isadora disse baixinho, sem abafar o riso, mencionando uma cliente que ruborizava ao encarar o rapaz.

— A senhora é terrível, vovó — Julian respondeu com um sorriso constrangido. Apesar de chamar a mulher daquela forma, não tinham laço de parentesco, apenas carinho. Isadora era sócia da confeitaria e uma das funcionárias mais perspicazes do local, a despeito da idade avançada.

— Claro que sou! Se eu fosse jovem, meu filho, você não iria escapar. Alto e bonitão desse jeito — ela riu e deu tapinhas no peito do rapaz. — Você precisa sair mais. Fazer amigos! Nunca te vi saindo para se divertir ou com alguma garota. E nos auge dos vinte anos... O que sua mãe iria dizer?

Julian foi salvo pelo gongo. Quase que literalmente. A sineta que anunciava a chegada de clientes tocou e ele se levantou na mesma hora, caminhando até o balcão.

Quem entrou foi um garoto, com cara de perdido. Não

parecia muito mais jovem que Julian, mas era bem mais baixo. Usava aqueles cabelos modernos de cor platinada e suaves mechas violetas nas pontas. Os olhos eram de um azul chamativo, destacados pelos cílios quase brancos, e percorriam de um canto a outro, deslumbrados, fixando-se em cada detalhe, especialmente na vitrine. Ele pareceu ainda mais perplexo vendo os doces, mesmo sendo final do dia e a geladeira tendo quase nada.

— Posso ajudar em algo? — Julian perguntou, observando o comportamento estranho do cliente. O garoto estava quase de joelhos no chão, apoiado na vitrine, com a ponta do nariz colada no vidro.

— Aqui está escrito "Cobertura em pérolas", né? Vocês comem pérolas? Não quebra o dente? — O garoto perguntou, arregalando os olhos na direção de Julian.

O rapaz mordeu o lábio para não rir. Os únicos clientes que costumavam lhe perguntar isso tinham cerca de cinco anos de idade. Porém, ao ver que era uma dúvida genuína, tentou responder o mais sério possível.

— Não são pérolas de verdade. São de chocolate, comestíveis. É só um nome — Julian explicou, notando o interesse do garoto.

— Chocolate tem gosto tipo de quê? — ele perguntou, voltando a encarar a vitrine.

— Como assim? Você nunca comeu chocolate? — Julian estava perplexo, mas o garoto sequer entendeu o motivo da surpresa. Sua expressão era tão curiosa e inocente que o atendente piscou algumas vezes e coçou os cabelos ao tentar responder. — Bom, chocolate é doce. Existem vários tipos, mas todos são doces. Quase todo mundo gosta.

— Você gosta? — o garoto perguntou, se endireitando e sorrindo.

— Eu não gosto muito de doce, mas os de chocolate são os melhores — Julian respondeu, reparando um pouco melhor na aparência dele. Apesar dos cabelos modernos, suas roupas eram bastante antiquadas e do tamanho errado para alguém tão magro. As calças do garoto eram enormes, com um palmo de tecido arrastando no chão. A camisa xadrez também parecia velha e maior do que deveria. — Eu tenho uma ideia. Por que você não experimenta e me fala o que acha?

— Ah, eu não tenho dinheiro... — O garoto sorriu sem jeito e colocou uma das mãos no bolso.

— É por conta da casa. — Julian sorriu, tirando da geladeira o doce de chocolate com as pérolas no topo. Já era começo da noite e logo eles iriam fechar. A confeitaria trabalhava apenas com produtos frescos; então, todos os dias, tudo o que não fosse consumido iria para o lixo de qualquer forma.

O garoto hesitou no começo, mas aceitou. Provou o doce pela primeira vez e seus olhos se arregalaram tanto que pareciam faroletes azuis. Era como se ele inteiro fosse explodir. Devorou o pote todo, até as últimas gotas do fundo, e ainda lambeu os dedos para ter certeza de que nada seria desperdiçado.

— Pela sua cara, acho que gostou. — Julian riu. Deu até gosto, nunca vira alguém comendo tão feliz.

— Foi a melhor coisa que já experimentei na vida! Quem inventou esse tal chocolate? — ele perguntou, praticamente abraçando a vitrine de novo.

— Depois experimente esses e me diga o que acha — Julian disse ao entregar um pacote ao garoto, com mais

alguns docinhos que iriam sobrar. Aqueles faroletes azuis se acenderam novamente em sua direção.

— Passo aqui amanhã! Muito obrigado, senhor!

Senhor. Julian achou engraçado e riu. Depois pensou que talvez devesse ter perguntado seu nome. Faria isso no dia seguinte. Agora precisava fechar a loja.

O cheiro doce do pão de canela se espalhava até mesmo para fora da Confeitaria Madrepérola. Era a mesma rotina, todos os dias. Pedido após pedido, Julian empacotava pães e doces até o entardecer.

Antes da última fornada sair, no entanto, o rapaz caminhou até a cozinha, separando duas unidades quentinhas e colocando-as em um saco de papel.

— Anota na minha conta, vovó.

— Que milagre é esse? Nunca te vi levando pão de canela para casa — Isadora disse, ajeitando os óculos redondos na ponta do nariz e tomando notas em uma caderneta.

— Não são para mim — Julian respondeu depressa e foi logo atender os clientes, que já esperavam na última grande fila do dia.

Quando a noite caiu, a doceria estava mais vazia do que de costume. O rapaz limpava as mesas redondas de vidro enquanto olhava pela janela, distraído, para o céu salpicado de estrelas. Nem percebeu quando o garoto regressou.

— Gostei muito dos doces de ontem, obrigado. O de pérola de chocolate era o melhor — ele disse, parado logo atrás de Julian, com seus cabelos prateados e sorriso inocente.

— Não te vi aí! — Julian riu, sobressaltado — Achei que não iria voltar. Eu tenho uma coisa nova para você, hoje. É pão de canela, nossa especialidade. Já comeu?

— Não. O que é? — ele perguntou, atrevendo-se a ocupar uma das cadeiras do lugar.

Julian voltou em seguida, sentando-se na frente do garoto. Reparou que os cabelos dele pareciam mais escuros. As roupas eram as mesmas do dia anterior, talvez um pouco mais sujas e amassadas. Aquilo o atormentou um pouco, mas não disse nada. Apenas ofereceu o pão de canela e o observou comer. Não podia conter o sorriso sempre que via a expressão do garoto ao provar um daqueles doces.

— Tem açúcar, canela e baunilha. Gostou? — perguntou, tendo como resposta apenas um grunhido de aprovação, já que o garoto não parou de mastigar até terminar tudo. Os lábios dele ficaram cobertos de açúcar cristalizado e Julian lhe ofereceu um guardanapo para que se limpasse depois. — Você gosta mesmo de doce, né? Tome, tem outro, pode comer também.

— Eu não estou te causando problemas, por me dar essas coisas? Por que você está fazendo isso? — o garoto perguntou, deixando Julian surpreso.

Ele não sabia ao certo por que estava fazendo aquilo. No começo, achou engraçada a inocência do garoto, seu desconhecimento de coisas tão óbvias. Mas depois ficou preocupado, como se sentisse que havia algo errado.

— Nenhum motivo, só quero ajudar. Vou pegar um copo d'água, você deve estar com sede depois de tanto açúcar — Julian se levantou e caminhou até a cozinha.

Porém, quando retornou, o garoto não estava mais ali. No lugar onde sentara havia apenas farelos e o guardanapo

dobrado. Nele, uma mensagem escrita em caligrafia torta, de quem mal sabe escrever: "Obrigado". Nada mais. Sem vestígios que mostrassem para onde ele poderia ter ido ou assinatura que revelasse seu nome.

Aos sábados o expediente era mais longo. A doceria ficava aberta até tarde, para atender mais clientes, e, depois de fechada, ainda havia trabalho a ser feito. Isadora cuidava do balanço do caixa, enquanto Julian ajudava na limpeza e na coleta de lixo, carregando sacos e sacos de materiais recicláveis para serem recolhidos no final da noite.

A carga horária intensa de trabalho desmotivava os demais funcionários, mas Julian não se importava muito. Não tinha uma vida social ativa, tampouco alguém em casa esperando que retornasse, por isso não ansiava por tempo livre. Os momentos que passava sozinho já eram longos o suficiente.

Depois de carregar o último contêiner de lixo, nos fundos da confeitaria, o rapaz trocou o uniforme por sua camiseta e calça jeans, despediu-se dos colegas e partiu para casa, com a mochila nas costas.

A noite estava fresca e silenciosa naquele lado da cidade. As regiões mais altas e residenciais de Upper Gate eram sempre tranquilas, mesmo aos finais de semana. As poucas pessoas nas ruas caminhavam para suas casas, ou desciam até Downtown, onde se concentrava a maioria dos estabelecimentos noturnos e o único cinema local.

Julian desceu a avenida principal do bairro. Por serem

construídas na montanha, as ruas eram estreitas e curvas, desembocando em vielas ou nas saídas principais. O rapaz gostava de seguir pelo "Caminho do Desfiladeiro". Era o trajeto mais longo até sua casa, porém o mais bonito. Gostava de olhar o mar à noite e os pontos de luz das embarcações no porto. Dali, as estrelas também pareciam brilhar mais, e podia até encontrar as constelações.

Parou no mercado para comprar o jantar. Qualquer coisa de caixinha, como sempre. Além disso, pegou uma garrafa de refrigerante, um saquinho de amendoins e saiu. Cruzou outra rua e ouviu latidos que chamaram sua atenção. Logo viu um cachorro contente, abanando o rabo felpudo, como o resto de seu corpo. Pulava de um lado para o outro, com suas patas curtas, e os olhos redondos e escuros encaravam o morador de rua que lhe oferecia um pedaço de comida.

Foi quando Julian percebeu: cabelos prateados, camisa xadrez, calças gigantes.

O estado do garoto estava ainda mais deplorável do que quando se encontraram dois dias antes. Roupas encardidas, imundo e, em algum momento, perdera um dos sapatos. O pé estava coberto com uma camada negra de sujeira. No entanto, ele sorria alegremente, divertindo-se com o cão e desatento ao seu redor.

— Então é aqui que você fica? — Julian perguntou ao se aproximar.

O garoto tomou um susto, mas sorriu logo em seguida.

— Moço das pérolas de chocolate — cumprimentou, sentado na calçada. — Parei aqui agora, por causa desse amiguinho. Não sei pra onde vou depois.

— Meu nome é Julian. Você tem morado na rua esse tempo

todo? — Sentou-se ao lado do garoto e estendeu o pacote de amendoins, dizendo-lhe para se servir do quanto quisesse.

— Desde que cheguei aqui, sim. Mas até que é divertido — o garoto disse. — Você já dormiu em cima da árvore da praça lá embaixo, Julian? É bem confortável! Tinha até um bicho de rabo peludo. Sabe qual é?

— Esquilo — Julian respondeu, rindo. Depois reparou nos dedos trêmulos dele. — Há quanto tempo você não come?

O garoto ficou em silêncio durante um instante, mas não conseguiu contar.

— Eu ganhei comida, mas acabei dando pra ele — disse, acariciando a cabeça do cachorro, que virava de barriga para cima fazendo gracejos.

— Você quer ir pra minha casa? — Julian perguntou com um tom de incerteza na voz. Não estava totalmente confiante com uma interação social tão inesperada, mas queria ajudar o garoto. — Pode tomar um banho, comer, dormir decentemente e amanhã começar um novo dia. Que tal? Acho que não é tão ruim, pra quem acha uma árvore confortável...

O garoto riu e concordou com um aceno de cabeça.

— Ele pode ir junto? — perguntou, referindo-se ao cão.

— Com uma condição: me dizer o seu nome — Julian ergueu-se do chão e estendeu a mão para ajudar o garoto.

Ele sorriu e assentiu gentilmente com a cabeça.

— Llyr. Meu nome é Llyr.

17

O primeiro cômodo da casa que Llyr conheceu foi o banheiro. Achou curiosa a válvula que expelia água daquela boca cheia de furos chamada chuveiro. O mais extraordinário era que, dependendo de como a girasse, a água saía em temperaturas diferentes. Esforçou-se bastante para aprender como funcionava. Gritou algumas vezes nos primeiros minutos, pois o quente chegava a queimar e o frio era o banho mais gelado que já tomara. Porém, no final a experiência foi bastante agradável.

Enquanto isso, Julian separou um jogo de toalhas limpas e um pijama que o garoto pudesse vestir. Passou tudo para ele por uma fresta na porta, mas acabou por vê-lo pelo reflexo no espelho, sem querer. Teve uma visão bem clara das costas do garoto e das marcas estranhas que havia ali. Manchas avermelhadas e feridas cicatrizadas que percorriam toda a extensão de sua coluna. No entanto, não teve coragem de perguntar se Llyr sentia alguma dor.

— Eu vou preparar alguma coisa para a gente comer — Julian falou com a boca perto da porta.

Sua casa era pequena, então não corria risco de o garoto se perder. O cachorro o seguiu abanando o rabo e Julian separou um pote, colocando um pouco de água e comida para saciar o bichinho. Apesar de ter comprado lasanha congelada, sentiu-se constrangido com a ideia de oferecer aquilo a um convidado, mesmo que fosse um desconhecido. Tratou de preparar uma refeição decente com arroz, legumes refogados e um picadinho de carne que ainda tinha no refrigerador.

O cheiro gostoso se espalhou e Llyr sorriu quando se encontraram na cozinha. A separação com a sala se dava apenas por um balcão, deixando o ambiente mais espaçoso. Havia uma mesa de quatro lugares logo ao lado, antes do cômodo maior com os sofás, a estante e as prateleiras. O garoto andou por ali observando tudo, especialmente os quadros na parede.

— Você gosta bastante do mar, né? — Llyr perguntou, vendo que todas as figuras retratavam a vida marinha. Peixes, baleias, ondas, navios. Tudo era relacionado. Havia ainda estatuetas e enfeites de leme, diferentes nós de marinheiro e uma porção de fotos de um mesmo homem.

— Sim, eu adoro. Herdei um barco do meu pai, a Maria Antonietta. Sempre que posso passeio nela um pouco — Julian respondeu, mesmo que fizesse tempo desde a última vez que navegara. Depois apontou para as fotos do homem na parede.

— Meu pai era pescador, bem ativo na indústria de peixes daqui de Upper Gate. Um dia pegou uma tempestade horrível com a equipe inteira dele. A embarcação afundou e ele nunca mais voltou. Nunca achamos o corpo. Eu tinha uns seis anos de idade, mas me lembro muito bem.

— Sinto muito em ouvir isso. E eles? — Llyr perguntou, mostrando a foto num porta-retratos. Nela, Julian posava ao lado de outro homem e uma mulher mais velha.

— Minha mãe. Ela morreu há dois anos, por causa de uma doença. E esse é meu irmão mais velho, ele não mora mais aqui desde que se casou. Foi viver em outra cidade com a esposa — Julian disse e percebeu que o garoto pareceu triste. — Desculpa, não queria soar tão deprimente. — Riu. — E você? Tem família?

— Um pai e quatorze irmãos. Sou o mais novo — Llyr disse enquanto bisbilhotava a televisão. — Minha mãe também morreu quando eu era bem pequeno.

Julian demorou um pouco para assimilar a informação de tantos irmãos. Nunca conhecera alguém com uma família tão grande.

— Você não se dá bem com eles? Foi por isso que fugiu de casa? — Julian arriscou perguntar.

— Eu não fugi da minha casa — Llyr respondeu e arqueou uma das sobrancelhas finas, surpreso com a ideia do rapaz.

O momento foi interrompido pelo acionar de um botão. A televisão ligou e o garoto tomou um susto, vendo as imagens coloridas piscando na tela de LED. Passava um seriado de mortos-vivos no canal a cabo e Llyr gritou, jogando-se para trás e subindo no sofá.

— O QUE É ISSO? — ele apontou desesperado, quase colado à parede.

Julian também se assustou com a reação do garoto e correu para mudar o canal para um desenho animado.

— Calma, é só um filme. Você não sabe o que é televisão? — ele perguntou. Llyr balançou a cabeça, hesitante. Então Julian se sentou ao lado dele e explicou o que era e como funcionava essa forma de entretenimento, mostrando o controle remoto enquanto era observado pelo garoto fascinado.

— Não temos essas coisas de onde eu venho — Llyr disse, virando-se para Julian. — Como te disse, eu não fugi. Entre o meu povo existe um costume chamado Promenade. Quando fazemos dezesseis anos, podemos deixar nosso lar por dois meses, para conhecer "o mundo". Ficamos livres para irmos para qualquer lugar e eu vim parar aqui.

— Então sua família sabe que você está morando na rua e acha normal? Coisas horríveis poderiam ter acontecido, nem todo mundo tem intenções boas. E se você não achasse ninguém pra te ajudar? — Julian achou tudo aquilo absurdo. Viver em comunidade com costumes estranhos era uma coisa, mas deixar um garoto tão jovem sozinho era demais.

— Eu achei você — Llyr respondeu com um sorriso tão doce que embaraçou o rapaz.

Momentos depois o jantar estava pronto e eles comeram juntos, enquanto assistiam à TV. O garoto se encantou tanto pelo aparelho que foi difícil convencê-lo a desligar na hora de dormir. Llyr passeou por todos os canais, conversou com apresentadores de *talk show* e até se emocionou com uma propaganda de cereal matinal. Por algum motivo pensou que, se desligasse, tudo poderia desaparecer no dia seguinte. Julian teve que explicar que os programas eram como as estrelas no céu: nem sempre seriam as mesmas, mas nunca deixariam de existir. Aquilo confortou seus pensamentos.

Quando fechou os olhos, na cama de Julian, afundado num mar de travesseiros macios e quentinhos, Llyr podia apenas pensar na sorte que tivera. Nas coisas incríveis que conhecera e nas maravilhas que ainda estavam por vir.

Na sala, aconchegado no sofá, Julian adormeceu sem sequer imaginar que, a partir daquele momento, sua vida mudaria para sempre.

Não era à toa que Downtown era a região mais aclamada da cidade. Mesmo aos domingos, quase todos os pontos de comércio estavam abertos. As lojas e o *shopping center* estavam bastante movimentados, para a surpresa de Julian, que não costumava frequentar o lugar.

O rapaz não se lembrava da última vez que saíra para fazer compras. Não tinha nenhum apreço peculiar por moda

e gostava de suas próprias roupas. Comprava apenas o que precisava quando necessário. Era por Llyr que estavam ali.

Apesar de ter procurado entre os próprios pertences, não encontrou nada que servisse no garoto. Julian sempre fora o mais alto de sua família, então mesmo suas antigas peças ainda pareciam engolir o pobrezinho. Por isso, pegou um pouco do dinheiro que tinha guardado e saíram para resolver o problema.

Llyr se apaixonou ainda mais por aquela parte da cidade. Era realmente muito bonita, com as ruas repletas de árvores, calçadas limpas e bem largas. Os toldos dos estabelecimentos eram coloridos, trazendo ainda mais vida para aquela manhã ensolarada. Alguns restaurantes serviam café da manhã nas mesas do lado de fora, já que ainda era cedo, e havia cheiro de torradas com geleia e jarras de suco de laranja nas vitrines.

O *Shopping* fez o garoto parar de respirar, com a fachada de vidro e o elevador central com visão panorâmica. Mal sabia para onde olhar com tantos estabelecimentos e pessoas andando. Entraram primeiro em uma enorme loja de departamentos. Julian caminhou pelas araras, ajudando Llyr a escolher as roupas de que gostava mais. Não sabia exatamente o número, então pegou algumas menores para que o garoto experimentasse.

— Agora você vai ali, prova e escolhe o que servir melhor — Julian disse, entregando a Llyr a sacola de compras.

— Você não vem comigo? Como eu vou saber o que tá melhor? — ele pareceu confuso.

Julian ficou um pouco constrangido. Olhou para o lado e não viu outros homens entrando juntos nos provadores. Na verdade, era um pedido bastante incomum, mas aquela não era exatamente uma situação normal. Acabou entrando.

Sentou-se em um banco, na frente do provador, vendo Llyr entrar e fechar a cortina. A cada peça de roupa vestida, o garoto saía e mostrava. Ele gostava de todas. Era Julian quem checava o que estava largo ou apertado, se precisariam fazer barras nas calças ou não.

Depois de um tempo, saíram da loja carregando uma porção de sacolas. Caminharam até a praça de alimentação, onde Julian apresentou Llyr às maravilhas do *fast food*. Estavam com tanta fome que pediram uma porção extra de batatas, com copos grandes de refrigerante e chá gelado.

— Por que você não costuma vir aqui? É muito legal! A gente pode passear mais? — Llyr disse, comendo tão depressa que poderia ter uma dor de barriga.

— Claro. Eu costumava vir quando era moleque, porque estudava aqui perto. Hoje em dia não tenho muitos amigos para me fazer companhia, acabo ficando em casa. E você? O que faz na sua cidade, para se divertir? — Julian sorriu e olhou para Llyr.

— Temos bastante coisa lá. Teatros, parques de diversão, shows de música, mas é um pouco diferente daqui. Eu adoro os festivais. Vêm comerciantes de vários lugares, com apresentações de danças regionais e festas que duram a semana inteira. É bem animado! — o garoto respondeu com olhos brilhantes.

— Que legal. Um dia gostaria de visitar sua cidade, parece ser bem exótica — Julian comentou. Llyr respondeu apenas com um sorriso.

Ao terminarem de comer, a atenção de Llyr se voltou para o quiosque de sorvete. Também nunca tinha experimentado. Achou muito gelado e delicioso ao mesmo tempo. Em seguida, ficou interessado pelos balões metalizados de gás hélio e como podiam voar sem ter asas. Então deslumbrou-se com os *segway*, os diciclos motorizados utilizados pelos seguranças do shopping. No entanto, nada interessou Llyr mais do que o cinema. Ele não sabia o que esperar quando entrou na sala escura, repleta de cadeiras e uma gigantesca tela na parede. Mas, quando o filme começou, o garoto se sentiu tão envolvido que lágrimas escorreram por seu rosto. O som era alto, vindo de todas as direções, e as imagens brilhantes o transportavam para aquele novo universo.

No clímax da história, ele segurou com força a mão de Julian, inclinando-se na direção dele e encarando a tela sem piscar.

O rapaz ficou sem reação. Sentiu as bochechas ferverem quando Llyr escondeu o rosto em seu ombro, pensando que o protagonista havia morrido. No entanto, não quis se esquivar. Um tanto desajeitado, acariciou os cabelos do garoto para confortá-lo e assegurar que tudo teria um final feliz. E teve.

Quando o filme acabou, já era noite e eles deixaram a iluminada Downtown para trás. Tomaram um bonde para evitar subir as ladeiras e chegaram na casa de Julian, onde o cachorrinho os esperava com latidos felizes e o rabo abanando.

Julian estava bem cansado e em poucos minutos já estava alojado no sofá, pronto para dormir.

— Muito obrigado por hoje, foi muito divertido — Llyr sorriu ao encarar o rapaz. —Me desculpe abusar tanto de você, não quero que tenha uma ideia errada sobre mim. Eu gosto de você, Julian. Amanhã mesmo eu arrumo outro lugar para ficar.

— Quanto a isso... — Julian interrompeu, correndo uma das mãos pelos cabelos. — Você pode ficar aqui. Os dois meses do Promenade. Eu pensei em falar com a dona Isadora, da confeitaria, e acho que ela consegue um trabalho de meio

25

período pra você. Assim você tem um dinheiro e, bom, essa casa é grande só pra mim de qualquer jeito.

Julian mal terminara de falar quando os braços de Llyr se apertaram ao seu redor num abraço.

— Obrigado por ser tão bom comigo — o garoto disse, próximo ao ouvido do rapaz. — Que o Lorde Supremo das águas e o Oceano de Gaia protejam e abençoem seu caminho.

Não foi difícil convencer Isadora a dar um emprego para Llyr. Serviço era o que não faltava na confeitaria e não estavam em condições de recusar um par extra de braços dispostos a ajudar.

Em dois dias, o garoto tinha até um uniforme e estava mais do que empenhado em aprender o necessário para ajudar Julian no balcão.

Apesar de acordarem que o garoto trabalharia apenas na parte da manhã, ele passava o dia inteiro lá. Não pelo dinheiro, que não era muito, mas porque gostava de tudo na Madrepérola. Adorava o barulho do papel dobrando nos embrulhos, do cheiro que saía dos fornos, da música que tocava e, especialmente, das pessoas que frequentavam o lugar.

Julian arrumou um concorrente no quesito sorriso. Llyr encantou a todos bem rápido, com seu jeito inocente e prestativo. Às vezes se atrapalhava com os pedidos, mas até isso era adorável. Nenhum cliente se irritava.

A rotina parecia ter mudado de repente. Não mais a monotonia das grandes filas para o pão de canela, todo dia algo novo parecia acontecer. As conversas animadas não se limitavam apenas aos fregueses do estabelecimento. Julian e

Llyr se divertiam juntos. Riam juntos. Cada momento alegre fazia o dia passar mais depressa, e quando a noite chegava e voltavam juntos para casa, compartilhavam também o descanso. Não iam dormir sem antes verem algum filme ou seriado na televisão.

— Sabe, Julian — Llyr disse em uma noite, dividiam um saco de pipocas —, já que eu vou ficar aqui um tempo, não acho justo você continuar dormindo na sala. A gente deveria trocar, eu gosto do sofá.

— Eu estava pensando em outra coisa. E se reformássemos meu antigo quarto? Tá bagunçado e precisa pintar, mas os móveis estão inteiros ainda.

Llyr adorou a ideia e começaram a arrumação no final de semana seguinte. O quarto em que Julian e o irmão dormiam quando crianças havia virado uma espécie de depósito desde que o rapaz passara a morar sozinho. Todas as caixas velhas, móveis desmontados e itens de pesca do pai foram estocados ali.

Julian pediu um dia de folga e a manhã inteira do sábado foi para que separassem o que seria jogado fora. Limparam as caixas, esvaziaram o armário e colocaram alguns itens para doação. Depois foi o momento da faxina. Levaram horas para esfregar o chão e tirar toda a poeira acumulada, para então cobrirem os móveis com jornal para que pudessem pintar as paredes.

Foi Llyr quem escolheu a cor. Azul-claro como os seus olhos. Depois de algumas demãos de tinta, estava pronto. Deixaram para secar durante o dia e, ao entardecer, o cômodo parecia outro. Voltara a ser um belo quarto, com uma cama de solteiro próxima à janela e uma escrivaninha de madeira que fazia conjunto com o guarda-roupas. O colchão era novo e Julian riu ao ver o garoto se jogando ali, afundando-se nos travesseiros feito um gato preguiçoso.

Quando fechou a porta do próprio quarto, pronto para dormir, Julian pensou no quanto a chegada de Llyr mudara sua vida. Em como cada um de seus dias era uma nova aventura, repleta de histórias e sorrisos. Ele fazia cada dia se tornar especial.

Isadora também notou a mudança e expressou a Julian sua felicidade em vê-lo se divertir. Podia ver novamente a jovialidade em seu olhar. Aquela mesma energia que ele costumava ter quando criança, brincando com o irmão por entre as mesas da confeitaria, sempre que iam até lá com os pais.

Ela sempre se preocupara com o coração do rapaz e em como o desaparecimento do pai, a morte da mãe e a partida do irmão quebraram-no em pedaços. Era bom saber que seus cacos estavam sendo colados pelos dedos delicados e cuidadosos do jovem Llyr.

Era tarde da noite quando Julian acordou assustado, ouvindo um grito. A casa inteira ainda estava escura e o vento sussurrava na janela, balançando as cortinas. O rapaz se sentou na cama e chamou o nome do garoto algumas vezes, em voz alta. Escutou um rangido e um abrir de portas.

— Llyr? — perguntou de novo e se preparou para levantar.

Antes de fazê-lo, o garoto apareceu à porta. Ele tinha o rosto aflito e abraçava o travesseiro. Seus dedos enrolavam as pontas da fronha e os olhos encaravam o chão. Julian podia ver o medo em seu semblante, iluminado pelas luzes dos postes da rua que entravam pela janela.

— Tive um pesadelo — Llyr disse e mordeu o lábio inferior.
— Posso dormir com você? Não gosto de ficar sozinho.

Aquilo fez o coração de Julian saltar e seu estômago se contorcer como se alguém lhe fizesse cócegas. Mesmo assim nenhuma outra resposta lhe veio à cabeça. O rapaz abriu espaço na cama para que Llyr se deitasse e cobriu-o com o edredom.

— Está bom assim? — Julian se ajeitou ao lado dele. Nunca havia dividido a cama com ninguém, tampouco com outro garoto. A situação o deixou um pouco tenso e ele se deitou de barriga para cima, a cabeça apoiada nas duas mãos.

A resposta de Llyr foi um movimento tão tênue quanto seu sorriso. Ele se aninhou em Julian, encaixando-se perfeitamente nele e descansando a cabeça em seu peito. Um dos braços envolveu o rapaz, deixando a mão repousar gentilmente sobre seu corpo. Llyr fechou os olhos e respirou fundo, sentindo-se mais calmo, apaziguado pelo cheiro de Julian e o calor que emanava dele.

— Seu coração tá batendo depressa... — Llyr comentou com a voz embargada de sono.

Julian não sabia o que dizer. O corpo todo estava quente e o rosto ardia em chamas, ao mesmo tempo que sentia vontade de acalentar o garoto. Abraçou-o de volta, sentindo-o pequeno em seus braços. Então, deixou os dedos correrem por seus cabelos numa carícia que se estendeu até o meio de suas costas.

— Boa noite, Llyr. Tenha bons sonhos — respondeu baixo, como se entoasse uma doce cantiga de ninar.

— Você está bem? Esqueceu alguma coisa na loja? — ele estranhou a situação.

— Eu estava esperando você. Não consegui pensar num outro jeito de nos falarmos a sós e não queria te atrapalhar no trabalho — ela respondeu com um sorriso tímido e se aproximou de Julian. — Faz um tempo que eu venho tomando coragem para perguntar se você quer sair comigo. Precisei tomar algumas taças de vinho hoje para conseguir.

Julian piscou algumas vezes enquanto olhava para a garota, pego totalmente de surpresa.

— Eu... na verdade, não estou planejando sair com ninguém, eu não... sabe... — gaguejou, desconfortável, e deu um passo para trás. Não sabia o que dizer. Seus pensamentos perambularam no limbo entre não querer ser indelicado e evitar aquela conversa.

A moça avançou um pouco e segurou no peito de Julian, pela camiseta. Se aproximou tanto que ele pôde sentir seu perfume.

— Por favor, só te peço uma chance — ela disse e o encarou com firmeza nos olhos.

— Julian, você vai demorar? Eu e o Fin estamos... — mas as palavras morreram nos lábios de Llyr. Parado à soleira dos fundos, ele viu Julian e uma garota desconhecida tão próximos que podiam se beijar. Os braços amoleceram e as pernas não lhe pertenciam mais. Era como se tivesse saído de si, os pensamentos se anuviaram como no pesadelo da noite anterior. A barriga ficou gelada e Llyr sentiu o coração se desprendendo do peito. Antes que pudesse fazer qualquer coisa, as lágrimas inundaram seus olhos e turvaram a cena diante dele.

Julian olhou para o garoto e também sentiu uma dor aguda

atravessar a alma. Como se uma maré forte ameaçasse puxar para o fundo os tesouros mais preciosos que possuía.

No instante seguinte, Llyr desapareceu. Correu porta adentro para longe dali, cobrindo a boca para não chorar.

— LLYR! — Julian gritou, desesperado. Sequer olhou para trás quando disparou de volta para a confeitaria.

A sineta da porta da frente ainda tocava e a cortina balançava, o garoto passara por ali. Julian abriu a porta e vislumbrou Llyr por um segundo correndo ladeira abaixo, o cachorro em seu encalço. Sentiu-se frustrado e gritou. Chutou a parede. Estava confuso, perdido, mas, acima de tudo, temia ter magoado a única pessoa que o fazia sorrir em qualquer circunstância. Que o tornara feliz.

O mais depressa que pôde, desculpou-se com a garota, pegou a mochila e fechou a doceria, deixando de lado o Caminho do Desfiladeiro para tomar a rota mais curta. Enquanto descia as ruas, pensava em Llyr o tempo inteiro. Em seu olhar doce e o sorriso cheio de encanto. A empolgação quase infantil que alegrava todos os momentos. O jeito com que ele segurava sua mão sempre que estava muito feliz ou com medo de filmes de terror.

De repente, a vontade de chegar em casa era ainda maior. Julian queria tirar dele aquela face triste, secar as lágrimas que vira. Pedir desculpas por não ter notado antes o quanto significavam um para o outro.

Quando Julian chegou, a porta estava aberta, mas nenhuma luz acesa. Chamou o nome dele, sem resposta. Atravessou a sala vazia e o corredor, mas só foi encontrar o garoto em seu quarto, sentado na cama e abraçando os próprios joelhos.

— Me desculpe, eu não deveria ter corrido. — A voz de Llyr

ainda estava trêmula, abafada entre seus braços e pernas. — E não queria ter chorado também. Eu sei que não posso te pedir nada, mas... eu sou um idiota, Julian. Me desculpe.

O garoto voltou a soluçar e Julian sentiu como se empalassem seu coração. Ele largou a mochila e se sentou na cama ao lado de Llyr. Uma das mãos o tocou, correndo os dedos por seus cabelos macios. Vê-lo daquele jeito doía mais do que tudo.

— Llyr, olha pra mim...
— Não — ele apertou os joelhos e chorou ainda mais.
— Por favor, olha pra mim... — Julian sussurrou, a cabeça bem próxima à dele.

Só assim o garoto ergueu o rosto. Seus olhos estavam inchados e a ponta do nariz vermelha. Aqueles faroletes azuis pareciam apagados, procurando a luz no rosto de Julian. Os cantos dos lábios tremeram mais ainda quando o rapaz correu os polegares por suas bochechas, limpando as lágrimas que escorriam ali.

Então Julian inclinou-se e beijou a boca de Llyr. Sem dúvidas ou hesitação. Tomou o rosto dele entre as mãos e deixou seus lábios se encontrarem, certeiros, selando o desfecho de toda a tristeza. Cada centímetro de seu corpo explodiu, mergulhou em ondas quentes e frias, enquanto sentia a boca macia do garoto. Seu gosto doce de uma forma que ele nunca provara, nem mesmo nas maiores delícias da Confeitaria Madrepérola. Um sabor único. Gosto de Llyr.

O garoto ficou estático, de olhos arregalados, durante todo o tempo em que os lábios de Julian encostavam nos seus. Era como realizar um sonho sem esperar, onde se perde o chão para ganhar as nuvens. Llyr voou para uma alegria tão intensa que seu corpo estremeceu e mais lágrimas subiram aos seus olhos.

Ele agarrou com força nos ombros do rapaz, dedos fincados na camiseta dele.

Julian se afastou por um momento apenas para olhá-lo. Correu a mão por seus cabelos e tirou a franja de seu rosto.

— Não chore. Eu estou aqui. Não vou pra lugar algum sem você — Julian disse e abraçou o garoto ainda mais apertado, unindo-se a ele em outro beijo.

Dessa vez Llyr o agarrou de volta, os dois braços ao redor do pescoço do rapaz. Apertou a boca contra a dele e deu espaço para que as línguas pudessem se conhecer. O encontro tão desejado, ainda melhor que em seus sonhos mais felizes.

Julian afundou naquele oceano quente, deixando a correnteza levá-lo para onde quisesse. Devorava a boca de Llyr, mordiscando seus lábios a cada pausa que faziam para respirar. Afogavam-se e salvavam-se a cada virada de cabeça. A cada gemido que deixavam escapar.

De repente a boca se tornou tão pequena, limitada. Julian queria mais. Saber como era o resto de Llyr, sua pele, seu cheiro. Desceu o rosto e beijou o pescoço dele, na curva com seus ombros. Delineou cada pedaço com a língua e sentiu o garoto se derreter feito glacê.

Llyr se agarrou nas costas de Julian e arranhou sua nuca. Quis ficar ainda mais perto, então sentou no colo dele, deixando uma perna de cada lado de seu corpo.

O quarto havia esquentado quarenta graus. Em algum momento, entre carícias e puxões, blusas foram tiradas e perdidas nos lençóis. Ou no chão, difícil saber. Dedos percorriam, livres, redesenhando a silhueta de seus corpos.

As cicatrizes de Llyr nunca foram tão evidentes, nem tão belas quanto naquela noite. Todo seu dorso era marcado, sobre

a espinha, assim como a região atrás das orelhas. Julian beijou cada uma delas. Desconhecia seu passado, mas não importava no momento, contanto que pudesse conhecer seu futuro. Fazer parte dele.

— Julian... — Llyr suspirou o nome dele. Seu corpo inteiro se arrepiava com os toques do rapaz. A forma com que ele o descobria com os lábios. Os beijos no peito, mamilos, barriga. O garoto se remexeu no colo de Julian, eriçando seus pelos. Ele rebolava ao retribuir cada carinho, cada lambida e chupão. Sentiam a excitação ganhar volume dentro das calças e não demoraram a se livrar delas também.

Agiam seguindo o instinto, a paixão, e nem por um momento Julian pensou na própria inexperiência para o ato. O desejo por Llyr o guiava e sussurrava o que fazer ao pé do ouvido.

Quando ficaram nus, a noite se tornou mais clara. Seus olhos, a lua. Julian envolveu o pênis de Llyr entre os dedos, fazendo-o contorcer-se e movimentar ainda mais os quadris. O garoto devolveu a carícia da mesma forma e gemeram juntos, aproximando-se das estrelas. As altas no céu e as do fundo do mar. Mas nada podia se comparar ao momento em que se tornaram um só. Os corpos fundidos no encaixe perfeito. Vozes chorando de prazer enquanto seus corpos se chocavam e Julian aumentava o ritmo da penetração. Estavam quase em transe, enlouquecidos pelo perfume quente um do outro. Os dedos escorregavam pela pele suada, agarrando-se, arranhando-se, marcando um ao outro com o ápice da fome que sentiam. Os beijos os afastavam da sanidade, as línguas se contorciam fora de suas bocas.

O tesão os fez mudar de posição e Llyr se postou de quatro na cama. Julian segurou em sua cintura e depois nos cabelos, movendo-se com mais força e rapidez dentro dele. Seus corpos enrijeciam a cada minuto, e, no frenesi dos gemidos, explodiram no orgasmo. Gozaram juntos, engasgando de prazer, e tombaram na cama, entorpecidos. O mundo parecia girar e permanecer congelado o mesmo tempo.

Ainda ofegavam quando seus olhos se encontraram novamente. Trocaram sorrisos largos, íntimos, entre os lençóis revirados. Julian abriu os braços e acolheu Llyr entre eles. Era incrível como o garoto se encaixava perfeitamente ali: trançava as pernas às dele e apoiava o queixo em seu peito, envolvendo Julian apertado como se nunca pretendesse partir.

— Foi muito bom — Llyr riu de um jeito tímido, escondendo metade do rosto no corpo do rapaz. A outra metade estava adoravelmente enrubescida. — Quero ficar assim pra sempre.

— Podemos ficar — disse Julian, com um frio gostoso na barriga. Então uniu a mão à de Llyr, deixando seus dedos alinhados. — Sempre juntos.

Assinaram a promessa com outros beijos, sem pensar que o "para sempre" possuía, desde o começo, uma data de validade.

O tempo, apesar de medido, é um conceito relativo. Em dias ruins parece arrastar-se, interminável. Uma queda lenta e angustiante por um precipício de tédio e rotina, noites que não chegam e invernos que não terminam.

Mas, quando se está feliz, o tempo voa como férias de verão, e o final do Promenade veio muito antes do desejado.

Foram os melhores dias de que Julian podia se lembrar. Desde a primeira noite com Llyr, tudo virou de cabeça para baixo. Um avesso repleto de cores, perfumes e felicidade. Jantares gostosos e filmes depois do trabalho, visitas a Downtown para cinema e sorvete, passeios no porto, piqueniques na praia e finais de tarde assistindo ao belíssimo pôr do sol no píer.

Por isso, quando se encerraram os dois meses, Llyr não se despediu. Adormeceu ao lado de Julian, como todos os outros dias, esperando acordar livre do estigma de retornar à vida da qual o outro rapaz não fazia parte.

O domingo raiou como sempre. Um dia bonito, sem nuvens, com o som dos primeiros pássaros cantando à janela. Llyr sentiu um certo prazer naquela liberdade proibida. Um formigamento no peito ao ter consciência de que cometia um crime entre seu povo. Olhou para o lado e Julian ainda dormia. Com cautela, levantou-se e caminhou até a porta. A rua tranquila com o cheiro úmido da manhã. Nada de anormal.

Pensou que talvez tivessem se esquecido dele. Ou que não contaram os dias com tanta avidez quanto ele mesmo. Talvez o "para sempre" pudesse mesmo durar um pouco mais.

Aproveitou o dia como se fosse o último, sem notar que o clima mudara bruscamente. As nuvens negras abraçaram a noite, envolvendo a cidade numa densa escuridão.

Llyr acordou com um estrondo. Um trovão que ressoava como se abrisse uma rachadura no céu. O brilho azul de seus olhos foi ofuscado pelo pânico. O coração saltou no peito, assim como ele mesmo saltou da cama, correu até a janela e colou o rosto no vidro para olhar lá fora.

Foi difícil enxergar qualquer coisa. A tempestade era uma assustadora névoa que engolia Upper Gate. A água batia com força na vidraça, insistente e ameaçadora. O vento sacudia as árvores e uivava como um lobo faminto.

O garoto apertou os olhos para melhorar o foco. Telhados prestes a voar, luzes dos postes tremulavam e algumas se apagavam. Porém o mais aterrorizante era o mar. Negro feito o fim. Llyr podia ver dali ondas enormes se formando, quebrando sobre as embarcações do porto. Algumas afundavam. A maré subiu e tragou as avenidas mais próximas da praia.

Desesperado, correu de volta para a cama e sacudiu Julian pelos ombros. Que maldito sono pesado ele tinha.

— Julian! Acorda, nós temos que fugir! Ele está vindo atrás de mim! É culpa minha, Julian, a gente tem que ir! — Llyr quase gritava, chacoalhando o amado.

Julian acordou atordoado e tentou entender o que acontecia. Viu a tormenta do lado de fora e também nos olhos de Llyr. A expressão de quem carregava um segredo terrível, uma péssima notícia para contar.

— O que houve? Foi só um pesadelo, como da outra vez. Você deve ter se assustado por causa da chuva... — Julian correu os dedos pelos cabelos desgrenhados e se sentou. A angústia do garoto, no entanto, só aumentou.

— Não foi pesadelo nenhum! Não temos tempo, Julian, nós temos que ir AGORA! — O tom de sua voz era sério. Um verdadeiro pedido de socorro.

— Ir para onde, Llyr? Do que você está falando? — Julian estava zonzo.

O garoto se levantou da cama e nem se deu o trabalho de trocar de roupa. Colocou o primeiro par de sapatos que encontrou.

— Não importa! A gente tem que sair daqui, não dá tempo de explicar!

Apressado, Llyr abriu a porta da frente e foi recebido por uma rajada de vento violenta. Um relâmpago cortou as nuvens e atingiu uma árvore do outro lado da rua. Mal puderam ouvir o som da madeira partindo, o tronco grosso tombou para a frente e os galhos cheios de folhas esmagaram um carro.

— Você está louco? Não podemos sair desse jeito! — Julian gritou e o puxou pelo braço para dentro de casa.

— É ele, Julian! Ele veio me buscar!

— Ele quem??? — Encarava os olhos apavorados de Llyr.

A resposta chegou com outro relâmpago, apesar de ser tão inacreditável quanto as lendas que se contam para crianças.

A rua se encheu de água, mas não da que vinha do céu. Era água do mar que subia a ladeira, viva, cobrindo os paralelepípedos. Um homem caminhava sobre ela. Não. Julian olhou melhor. O homem *flutuava* sobre ela. Seus pés eram feitos de espuma de ondas e ele fluía na direção de sua casa.

Julian esqueceu de respirar quando *ele* se aproximou. Era um homenzarrão dois palmos maior que ele, cabelos e barba verde-escuros tão longos que se emaranhavam entre si. Pareciam algas marinhas. A pele era morena e o peitoral coberto de conchas penduradas em colares. Em uma das mãos, carregava um cetro negro, de haste retorcida, com uma pedra na ponta. Ela emitia um brilho a cada vez que as águas se moviam e, se Julian acreditasse nessas coisas, era como se aquilo as controlasse.

Quando o homem abriu a boca, sua voz retumbou mais do que os trovões. Era grossa e áspera. Julian sentiu um arrepio na espinha e Llyr, em prantos, escondeu o rosto entre as mãos.

— Alteza, Sua Majestade, seu pai, aguarda seu retorno.

Os olhos do homem eram impassíveis, profundos, em um tom de cinza que Julian nunca vira antes.

— Nereus, por favor... — Llyr sequer erguia o rosto. Suas lágrimas escorriam mais que a chuva. — Fale com meu pai, me deixe ficar mais uns dias. Eu não tive tempo de me despedir, eu... tenho pessoas queridas aqui para quem eu gostaria de dizer adeus...

— Sinto muito, mas isso não será possível, Alteza. As normas de Sua Majestade foram desrespeitadas. Quebrou as regras do Promenade. Tenho ordens de levá-lo imediatamente. — A voz fria não demonstrava um pingo de compaixão por Llyr.

— Que história é essa? Llyr, o que está acontecendo? — Julian virou-se e segurou os ombros do garoto. Ele tremia. Os cabelos ensopados caíam sobre o rosto que encarava o chão.

— Vejo que não falou nada para o humano. Isso certamente abrandará sua punição.

Humano. As palavras de Nereus desceram indigestas. Julian estava confuso e acreditava que a qualquer momento acordaria daquele sonho surreal. Llyr ainda estaria dormindo, com seu pijama estampado de cavalos-marinhos. Eles se beijariam, talvez até fizessem amor, e depois iriam para o trabalho, acompanhados de Fin, o fiel escudeiro.

No entanto, aquilo nunca aconteceu. Os beliscões da tempestade não foram capazes de acordá-lo e a realidade o esmagou mais que a árvore sobre o carro, do outro lado da rua.

— Nereus, eu ordeno que explique ao meu pai que ficarei mais uns dias. Três dias, é tudo o que eu peço. Que diferença faz para ele? Eu mal o vejo! Ele só liga para o Mabon! — Llyr finalmente olhou o homem nos olhos.

— Em situações como essa, não acato ordens suas, Alteza. Tenho permissão para usar a força se for preciso.

Os músculos de Julian se contraíram, tensos. Imaginou a força que aquele homem teria contra o corpo tão magro e pequeno de Llyr. Abraçou-o apertado e continuou entre eles.

— Você não vai tocar nele — Julian ousou dizer.

O sorriso de Nereus era ainda mais assustador que sua voz. Os dentes amarelos se projetaram de uma forma sádica e seus cabelos de alga moveram-se como se submersos.

— Você não sabe quem ele é, sabe? Permita-me mostrá-lo a você.

O homem movimentou o cetro e Julian foi empurrado para trás como se pesasse menos que uma folha. Bateu as costas na parede e caiu sentado, cheio de dor, assistindo ao corpo de Llyr ser erguido a dois metros do chão.

Gotas de chuva se uniram e envolveram o corpo do garoto em uma bolha. A pedra emanou uma luz tão forte que Julian teve que colocar uma das mãos sobre os olhos. Tentou enxergar por entre os dedos, mas o brilho o cegava. Ouviu o grito de Llyr e, então, a luz se apagou.

Demorou um tempo para que a visão de Julian voltasse ao normal, e, mesmo quando o fez, ele duvidou dela. Aquilo era impossível.

O corpo que pairava dentro da bolha em nada se parecia com o garoto magrelo que conhecera na Confeitaria. Sequer era humano. As pernas haviam desaparecido e dado lugar a uma cauda reluzente, escamas furta-cor que cintilavam sob a luz da pedra. Nas costas, sobre a coluna antes marcada por cicatrizes vermelhas, um véu de nadadeiras dorsais naquela mesma cor. Guelras se abriam no pescoço e das orelhas também despontavam barbatanas longas que se embrenhavam nos seus cabelos.

Mas os olhos ainda eram os mesmos. Mais azuis que o mais belo dos oceanos, porém tristes como uma ilha solitária.

— Julian, me desculpe... eu pensei em te contar, eu só não sabia como... — As verdadeiras lágrimas de Llyr eram pequenas pérolas, que rolaram de seus olhos e flutuaram para fora da bolha. Repicaram pelo chão como se arrancadas à força de um colar.

O rapaz não sabia o que dizer. Levantou-se do chão, atônito, e caminhou até a bolha de chuva, tentando tocar Llyr. No fundo acreditava que, quando seus dedos o alcançassem, ele voltaria ao normal. Mas o garoto não existia mais. Havia apenas o tritão.

Os braços de Julian atravessaram a camada d'água. A textura da pele estava diferente, a cor mais azulada. Escamas em seus cotovelos, barbatanas nos antebraços e suas mãos não se entrelaçavam mais. Membranas ligavam os dedos de Llyr, terminando em longas unhas matizadas.

— Eu não entendo... — Julian disse, sem encontrar as respostas no rosto do jovem tritão.

— Humanos não precisam entender — Nereus foi firme e ergueu a bolha até onde o rapaz não conseguia alcançar. — Siga sua vida e esqueça esse encontro com o príncipe de Hadália.

O movimento do cetro foi brusco como as palavras. A água do mar que cobria a rua desceu depressa, acompanhando a partida de Nereus e o invólucro que levava Llyr, como um prisioneiro, de volta para casa.

— Espera! ESPERA! LLYR! — Julian correu em perseguição.

A mente chegara à pior das conclusões: provavelmente nunca mais voltaria a vê-lo.

Sentiu os pedaços do coração partido caindo pelo caminho como as migalhas de João e Maria. Gritou o nome de Llyr talvez uma dúzia de vezes, mas Nereus parou apenas para selar o encerramento daquele conto de fadas. Com o poder da pedra, atirou Julian para bem longe de seu final feliz.

O rapaz bateu a cabeça numa árvore e caiu, inconsciente. Quando acordou, já era manhã e a tempestade havia terminado. Sua felicidade também.

Eram dez da manhã e Isadora checava o relógio com preocupação. Julian nunca faltara durante os anos em que trabalhara ali, nem mesmo quando estava doente. Por isso pensou no pior quando o expediente começou e o rapaz não apareceu.

Pediu para um dos funcionários mais jovens ir até a casa dele, mas não teve boas notícias. Julian não estava em lugar nenhum.

Mas a verdade é que ele nem tentava se esconder.

Estava sentado na praia, os dedos dos pés enterrados na areia. Ainda vestia as roupas do dia anterior e seus olhos vazios encaravam o horizonte. Não havia nada ali. As cores do céu e do mar foram roubadas e tudo estava pintado em um tom solitário de cinza. As pessoas também se tornaram monocromáticas.

O som das ondas e das gaivotas parecia distante, como se ouvisse o mundo através de uma concha de espiral. Lembrou-se de quando a mãe lhe ensinou aquele truque. Bastava ficar bem quietinho e apoiar o ouvido gentilmente na abertura da casca. Quando era criança, pensava ser magia. Agora não acreditava mais naquilo. Sabia que era apenas um eco do vazio que estava dentro dele.

Dizem que, com o tempo, torna-se mais fácil aceitar as perdas. É mentira. Provavelmente a primeira perda é a menos dolorida de todas. O castelo de areia já estava construído quando a onda o derruba. Apesar de triste, há muita esperança nas mãos que reconstroem cada muro, cada quarto e janelinha. Há sorrisos quando as bandeiras são colocadas no lugar.

Ao chegar a segunda onda, a decepção é maior. A espuma leva toda a dedicação e carinho, e precisa-se de mais força para reconstruir a fortaleza. Dessa vez maior, com um fosso em volta para impedir que a água o derrube completamente. Porém sempre é em vão. A terceira onda não espera. Tampouco a quarta ou a quinta. Levam com elas a vontade de reerguer o palácio.

O vazio que Julian sentia era pelo oceano que derrubara sua muralha. O desaparecimento do pai, a perda da mãe e a partida do irmão doíam tanto quanto a abdução de Llyr. Como se tudo sempre escapasse entre seus dedos, pedrinhas que os séculos não transformaram em areia.

Entre aquela praia, o mar e o céu, ele se sentia completamente sozinho. Mais um grão esquecido, deixado para trás para voar com o vento.

Dias se passaram como cenas de um filme antigo. Sem cor ou vozes, como se alguns pedaços faltassem entre uma sequência e outra. Julian tentou retomar sua rotina, mas nada mais era como antes. Não havia prazer, nem mesmo nas pequenas coisas, e sorrir era um esforço no qual ele falhava todos os dias. As bebidas não tinham mais gosto e nem mesmo o cheiro dos deliciosos pãezinhos da Confeitaria Madrepérola era capaz de abrir seu apetite.

Em uma semana, estava consideravelmente mais magro e com grandes bolsas arroxeadas sob os olhos. Era impossível dormir. Aquela noite chuvosa não terminara nunca em sua mente. O cetro retorcido, a pedra mágica, o corpo transformado de Llyr, a cauda perolada e as barbatanas. Julian gostaria de acreditar que tudo fora uma alucinação, mas não. Era inacreditável e tão real quanto sua dor.

Isadora percebeu o luto calado do rapaz e, a julgar pelo desaparecimento de Llyr, podia apenas imaginar o que acontecera. Suas mais loucas ideias não chegavam perto da verdade, mas decidiu não perguntar para não agravar a situação. Ao invés disso, concedeu a Julian um tempo de férias. Semanas onde pudesse cuidar da alma e do coração.

Contudo, o mais próximo que ele chegou da salvação veio do legado de seu pai. Maria Antonietta. A embarcação precisava de alguns reparos, depois de tanto tempo parada e dos danos causados pela tempestade de Nereus, mas uma semana de bastante dedicação foi o suficiente para que ela ficasse nova em folha.

Depois de se certificar de que tudo estava em ordem, Julian poliu o casco, devolvendo ao barco a vivacidade dos velhos tempos. A rainha da França estava pronta para um passeio.

Fazia um bom tempo que ele não navegava, mas jamais ficou enferrujado. Afinal, seus primeiros passos, quando bebê, foram na proa de um pesqueiro.

Desamarrou a embarcação e ligou o motor. Uma leve euforia o invadiu quando as ondas quebraram sob seus pés. Aumentou a velocidade e o vento úmido beijou seu rosto. Quando chegou no meio do oceano, parou.

Havia conforto em estar ali. Apenas água o cercava de todos os lados e Upper Gate parecia uma cidade de brinquedo. Bloquinhos de madeira que se empilhavam num protótipo de montanha.

Julian se sentou na popa e se perdeu observando a maré. Apoiou os cotovelos na pequena balaustrada e suspirou.

— Era por isso que você sempre dava desculpas para não navegar comigo? Estava cansado de olhar o mar, não é? — Ele falou como se Llyr estivesse ali para responder. — Eu deveria ter perguntado como você sabia tanto sobre as espécies marinhas, mas não sabia o que era uma torneira. Ou por que peixe era a única coisa que você sempre dizia estar enjoado de comer — Julian riu um pouco. A primeira vez em muito tempo. — Eu deveria ter te perguntado tantas coisas...

E acabou perguntando. O rapaz tomou gosto por navegar todos os dias, sempre indo o mais longe possível da costa para conversar com a presença invisível de Llyr. Por mais que nunca soubesse as respostas, seu coração se aliviava com a possibilidade de estar mais perto dele. Falar com ele, mesmo que não pudesse escutá-lo. O mesmo tipo de consolo que se tem ao conversar com fantasmas em um cemitério florido.

Uma semana depois, a estação mudou e trouxe as águas turvas de outono. Apesar da agitação das ondas, Julian não desistiu de navegar. Mesmo sob a neblina, flutuava com Antonietta até o final da tarde, lendo livros de histórias de que Llyr talvez fosse gostar.

Foi entre um capítulo e outro, num pôr do sol escondido por nuvens de chuva, que ouviu um barulho diferente do habitual. Um *splash* seguido de uma voz que ele havia perdido as esperanças de ouvir.

— Julian...

— Llyr! — exclamouo rapaz antes mesmo de encará-lo. Correu em direção ao tritão, debruçando-se sobre o barco, na direção da água, e abraçou aquele corpo molhado e escorregadio.

Antes de dizer qualquer coisa, Julian tomou o rosto dele entre as mãos e beijou seus lábios, macios e doces, sentindo uma onda sacudir seu coração e fazê-lo bater novamente.

Não se apressou um segundo sequer. Deu às línguas o tempo necessário para matar a saudade e preencher cada lacuna deixada no peito.

Depois, se entreolharam com um sorriso. Llyr tocou o rosto de Julian, que beijou cada um de seus dedos membranosos.

— Eu senti tanto a sua falta... — Julian sussurrou, olhando para cada detalhe do tritão. Queria ter certeza de que não estava sonhando de novo.

— Eu também senti a sua. Queria vir antes, mas não foi tão fácil. Na verdade, é bem mais difícil do que pensei — disse Llyr, e roubou outro beijo dos lábios dele.

— Pensei em tantas coisas para te perguntar, tantas coisas que eu queria saber, mas nada disso realmente importa. Eu só queria ver você. Que ficássemos juntos outra vez. — Julian deslizou o polegar sobre a boca e o queixo do seu amado.

Llyr sorriu e lágrimas se formaram em seus olhos. A consistência perolada titubeou, mas elas não caíram. Antes disso, o tritão lançou os braços ao redor do pescoço de Julian, num abraço apertado, e estremeceu. Apesar da felicidade de sentir seu calor mais uma vez, algo parecia errado. O belo prelúdio à tragédia.

— O que aconteceu? — Julian perguntou, mas Llyr não o soltou. Pelo menos não a princípio.

Quando finalmente o deixou ir, algumas pérolas pingaram no mar.

— Julian, eu vim para me despedir...

A voz dele era gentil como uma facada misericordiosa. A lâmina dupla rasgava os dois ao mesmo tempo, como um suicídio de amantes.

— Nós não podemos ficar juntos — Llyr continuou. Tentava ser forte, mesmo que cada palavra sangrasse em sua garganta. — Vai ser bem melhor para nós dois se não nos virmos nunca mais.

— Llyr, o que você está dizendo? — O rapaz não podia aceitar. — Foi aquele Nereus quem te disse isso, não foi? Ele está mentindo, nós podemos fazer dar certo. Eu tenho certeza que...

— Ninguém me disse isso, Julian! Não tem como dar certo! — o tritão quase gritou. Quando Julian se calou, Llyr baixou o tom da voz e os olhos para a superfície da água. — Não é uma ideia que o Nereus colocou na minha cabeça, é a realidade. Eu já vi acontecer dezenas de vezes. O amor entre o meu povo e o seu é impossível.

— Mas podemos tentar. Eu posso vir aqui todos os dias te encontrar. Mesmo que só por algumas horas — Julian disse, correndo os dedos pelos cabelos dele.

— Você não entende. É exatamente isso que não dá certo. — Llyr levantou o rosto choroso e encarou o rapaz. — Eu já vi sereias e tritões enlouquecerem. Já vi humanos darem as suas vidas ao mar por não suportarem mais. Essa relação não é como um namoro à distância, Julian. Nem somos do mesmo mundo. Não temos Skype ou *smartphones*. Não existe um futuro para ser planejado, você consegue entender? Vai ser sempre assim. E sempre vai doer, até que a ferida seja profunda demais para poder ser cicatrizada. E eu não quero esse sofrimento, nem para mim, muito menos para você.

— Mas eu te amo — Julian percebeu, só depois de falar, que fora a primeira vez que usara aquelas três palavras. Diretas e verdadeiras. Viu no olhar de Llyr que ele ficara surpreso também.

— Eu também te amo — o tritão falou, e acariciou o maxilar do humano. Sua expressão era uma mistura de alegria e amargura. — Mas você merece encontrar a felicidade no seu mundo e esquecer que tudo isso aconteceu.

— Mas, Llyr... — o rapaz insistiu. Não podia deixar seu amor escorregar por entre seus braços outra vez.

Mas já era tarde. Como se cada segundo aumentasse o machucado em seu coração, Llyr beijou os lábios de Julian e se afastou, deixando uma última carícia em suas bochechas.

— Por favor, Julian, não faça ser mais difícil do que já é. — As lágrimas retornaram e ameaçaram cair. — Eu te amo. Seja feliz.

Com um impulso, o tritão mergulhou sem olhar para trás. Do barco, o rapaz teve apenas um vislumbre da nadadeira furta-cor, que emergiu espirrando água, antes de desaparecer completamente no oceano escuro da noite.

O sol havia se posto, as estrelas estavam cobertas e a solidão fez companhia para Julian, quando as primeiras gotas de chuva começaram a cair.

Levou um tempo até Julian decidir religar o motor e retornar para Upper Gate. Teria ficado à deriva, organizando seus pensamentos, se não fosse o movimento inesperado das ondas. Não quebravam mais, formando a espuma branca e delicada como renda. Agora se erguiam altas como colinas, respondendo aos chamados violentos da maré.

O rapaz se assustou quando se deu conta da tempestade que se formara sobre sua cabeça. As nuvens se acumularam, densas e negras, com as ameaçadoras luzes dos relâmpagos tremeleando no céu. Os trovões retumbavam como gritos roucos de um deus furioso e a cidade parecia mais longe do que nunca.

Julian pôs o motor para funcionar em potência máxima e virou a Maria Antonietta em direção ao porto. O oceano, no entanto, não parecia querer deixá-lo partir. Mesmo acelerando, a embarcação não respondia como esperado, virando para estibordo e oscilando com as ondas gigantescas. Manter-se equilibrado e fora d'água, de repente, se tornou muito mais importante do que voltar para casa.

Então as nuvens não puderam mais suportar o peso que carregavam e a água caiu torrencialmente, com tanta força que chegava a machucar. Era difícil manter os olhos abertos, e Julian se lembrou das vestes próprias para chuva que guardava junto da caixa de primeiros socorros. No entanto, não sabia se conseguiria alcançá-la.

O desespero chegou quando soaram a sirene de emergência de Upper Gate. Não tinha como não ouvir. Alta, estridente e utilizada apenas em casos extremos, de ameaça a uma ou mais partes da cidade. Julian conhecia bem aquele som. Era o mesmo da noite em que seu pai desaparecera.

A partir daquele momento, nada mais importava senão sobreviver. Tentou manter Antonietta no eixo, aproveitando a maré para se aproximar do porto, porém as ondas gigantes devoravam o que encontravam em seu caminho.

Sem conseguir escapar, Julian sentiu a proa embicando em direção ao céu, o barco quase virando, pronto para ser sugado pela água. Segurou-se o quanto pôde, mas no movimento seguinte foi atirado ao oceano. Seu corpo atravessou a camada fria e submergiu completamente na escuridão.

Julian rodopiava sem controle, arrastado pela força do mar. Batia os braços e as pernas, nadando bravamente sem saber para onde. Sem nenhuma luz, não diferenciava o fundo da superfície, somente lutava para sair dali. A água, então, começou a penetrar sua garganta e narinas e o ar deixava seus pulmões.

Debateu-se ainda mais depressa, com mais força, tentando se agarrar a qualquer coisa. Em vão. Seu corpo afundava num pretume sem fim. Chegou a pensar em Llyr por um segundo. No entanto, a vida não é o conto de fadas onde uma sereia aparece para salvar o amado de um naufrágio. A morte acontece sem que se possa fazer algo a respeito.

Foi assim que Julian fechou os olhos e, como o truque do som do mar dentro da concha, sentiu a própria vida ao longe, indo embora. Sorrindo para ele com um aceno de adeus.

Flashes de luzes iam e vinham, misturados a bolhas de ar e muita dor. Vozes. Paredes de pedra. E então tudo se apagava novamente.

Devia ser um sonho e, em algum momento, Julian despertou. Com a vista desfocada, não conseguia saber onde estava ou se lembrar do que aconteceu. Pensou ter morrido, mas já não tinha mais certeza. A menos que ali fosse o céu.

Tentou sentar-se, mas seu corpo estava pesado e estranho. Mal podia se mexer. Olhou para o lado e viu um homem desconhecido, mas estranhamente familiar, encarando-o. O rosto severo, com o maxilar quadrado de linhas bem marcadas e fortes. As íris eram assustadoramente azuis, e os cabelos prateados, longos, formavam uma aura ao seu redor.

Foi o que Julian reparou. Os cabelos não iam para baixo e caíam por sua cintura, flutuando ao redor dele.

O rapaz arregalou os olhos e ia abrindo a boca para falar, quando uma bolha escapou por seus dentes. Estava embaixo d'água. Assustado, saltou da cama onde deitava, apenas para agravar seu desespero. Ao olhar para o próprio corpo, as pernas não eram mais as mesmas. A partir da cintura, sua pele estava coberta por escamas azuis, que se estendiam resplandecentes por sua cauda grossa, terminando em largas nadadeiras.

Não apenas isso, mas também tinha membranas finas entre os dedos. Barbatanas que saíam de seus braços e costas, além das guelras abertas no pescoço. Julian levou as mãos até as orelhas, encontrando ali as pontas compridas que vira antes em Llyr.

Então gritou. Gritou muito, a plenos pulmões. A voz ainda era a mesma, apesar da confusão de bolhas que se formava à sua frente. Logo, a porta se abriu e outro homem entrou, armado de uma lança bastante pontuda.

— Está tudo bem, Alteza? Quer que eu acorrente o novato? — o lanceiro perguntou ao tritão de cabelos prateados. A cauda era prata também.

— Não, pode voltar ao seu posto. Qualquer coisa eu mesmo cuido dele.

O homem austero fechou a porta após dispensar o subordinado e lançou um olhar desinteressado a Julian.

— Vai se acalmar ou preciso chamar o guarda? — disse e flutuou até um banco de pedra, sentando-se.

— O que aconteceu? — Julian perguntou, tentando controlar as batidas aceleradas de seu coração. — Quem é você, onde eu estou?

— Sou o príncipe Mabon e você está em Hadália. Creio que já ouviu falar de nós. Vivemos num mundo subaquático, em uma dimensão paralela à sua. Os humanos não podem enxergar nossos domínios, por isso não sabem que existimos — explicou categoricamente. — Você é Julian, correto? Preciso que me responda uma coisa, antes que eu possa esclarecer sua dúvida. Meu irmão fez a bênção sagrada em você?

Por isso o achava familiar. Era o irmão mais velho de Llyr.

— Não sei. Talvez? — Julian não fazia ideia do que essa bênção poderia ser — Llyr me disse muitas coisas.

— Lorde Supremo das águas? Oceano de Gaia? Essas palavras lhe são familiares? — Mabon perguntou, e Julian concordou com a cabeça. — Pensei que pudesse ser isso. Essa oração, Julian, quando proferida por um rei ou rainha do mar, até mesmo por qualquer um de seus filhos, pode transformar um humano num protegido das águas. Sabe o que isso quer dizer?

Julian ainda parecia confuso, então Mabon respondeu:

— O mar não leva um dos seus. Não pode matar um protegido. Mas você morreu, então ele teve que te trazer de volta de algum jeito. Te ressuscitou como um dos nossos – fez uma pausa e o encarou. – Essa é sua vida agora, Hadália é seu novo lar.

O rapaz ouviu tudo, mas não sabia o que sentir. Era confuso e irreal. Permaneceu em silêncio e reparou melhor onde estavam. Uma construção de pedra, de aparência esponjosa e com paredes arredondadas. A cama era um pedaço de rocha da mesma cor clara, lixada e esculpida como as camas da superfície.

Havia uma abertura mais à frente. Uma janela rústica, sem moldura, porém muito bem esculpida. Não era trabalho da natureza, decerto.

Julian aproximou-se. Nadar foi menos difícil do que pensou. Mexeu os braços e os quadris como sempre fizera e, apesar de ainda não controlar a cauda tão bem, as barbatanas diminuíam a resistência da água. Podia mover-se muito mais depressa do que em terra.

O que viu, quando observou o lado de fora, fez seu coração palpitar e os olhos castanhos se encherem de brilho. Era a paisagem mais linda que já contemplara em toda a vida. Uma explosão de luz e cores o esperava na cidade submersa.

Não era nada daquilo que imaginou quando pensava no lugar natal de Llyr. Havia centenas, senão milhares de construções, cravadas em rochedos ou no solo, até perder-se de vista. Não apenas casas talhadas em pedra, mas também verdadeiros prédios que pareciam pertencer a antigas civilizações, havia muito desaparecidas da superfície.

Grandes portais com pilares adornados de arabescos demarcavam ruas de areia. Mas nada era mais impressionante do que as luzes. Julian estava boquiaberto. Acima de toda a cidade, por cada casa e esquina, havia correntes luminosas que lembravam águas-vivas. Era como se fossem feitas de pequenas medusas brilhando em azul e lilás, seus tentáculos de seda dançando em sincronia.

Compondo o espetáculo estavam os cardumes, movendo-se de um lado para o outro ou bailando em círculos, com sua própria luminescência. Tinham pequenas bolas de luz em frente à face e alguns traziam uma faixa brilhante no dorso.

Era lindo, como uma interminável noite de fogos de artifício.

— Depois você vai ter tempo para ficar com essa cara de besta. Vamos — o príncipe disse, abrindo a porta do quarto.

— Para onde? — Julian perguntou, ainda atordoado com a beleza do lugar.

Mabon ergueu uma das sobrancelhas.

— Não quer encontrar o Llyr?

Nadar entre aqueles seres era como viver dentro de um sonho. Havia sereias e tritões com todos os tipos de aparência e, assim como na superfície, também de diferentes raças. Os negros possuíam um brilho dourado na pele, que se misturava com suas escamas alaranjadas e amarelas. Quando passavam depressa, pareciam anjos feitos de ouro. E ao contrário do mito popular, nem todas as sereias tinham cabelos compridos. Elas os tinham de diversas cores e tamanhos, todos igualmente bonitos.

Julian seguia o príncipe e seus guardas o mais depressa que podia. Tentava não se distrair com as maravilhas em seu caminho. Os corais da encosta e as decorações em conchas de todos os tamanhos do lado de fora das construções. A vista do castelo, no entanto, foi o suficiente para prender sua atenção. Alto como um arranha-céus de pedra polida e esbranquiçada. No centro, uma cúpula reluzia em madrepérola, que nada lembrava a simples confeitaria onde trabalhava. As torres eram redondas e os pilares repletos de correntes bioluminescentes, que caíam como cascatas.

Aproximando-se da entrada, Julian viu jardins de anêmonas neon com cores que nunca sequer imaginara. Pequenos peixes pairavam entre elas como borboletas.

Quando os portões se abriram, um jato de água, bolhas e nadadeiras foi direto ao encontro de Julian como um furacão. Ele viu o rosto desse ser por apenas um segundo, mas foi o suficiente para saber que era Llyr.

O príncipe tritão lançou os braços finos ao redor de Julian, apertando-o com força e pressionando o rosto em seu peito.

— Julian, é você. É você mesmo, é você — Llyr repetiu diversas vezes, convencendo a si mesmo de que aquilo era real.

— Vou deixar os peixinhos a sós. Llyr, não perca a hora do jantar — Mabon disse antes de desaparecer castelo adentro.

Sozinhos, Julian não hesitou em beijar a boca do amado. Segurou o rosto dele entre as mãos, sentindo o gosto doce de sempre, mesmo sob o oceano. O beijo foi quase desesperado, apesar de estar longe de ser o último. Suas línguas devoravam-se e Julian mordiscou os lábios dele antes de beijar seu rosto, pescoço e ombros, em um abraço apertado de quem está morrendo de saudades.

— Sou eu. E vou ficar aqui para sempre, Llyr. Com você. — Ele sorriu e correu um dos dedos por seus cabelos platinados.

— Você foi tão bom comigo no seu mundo. Agora vou poder retribuir e te mostrar tudo do meu. Eu também arrumei um quarto para você no palácio. — O jovem tritão deitou o rosto no ombro de Julian e fechou os olhos, imerso em felicidade.

— Vou poder dormir com você quando tiver pesadelo? — Julian perguntou.

— Sempre que meu pai não estiver olhando. Ele nunca olha. — Llyr sussurrou a última parte e piscou, rindo de um jeito gostoso e livre.

Beijaram-se novamente e muitas outras vezes naquele dia. Os primeiros de uma nova vida inteira de descobertas e encantamentos. Por águas nunca antes mergulhadas.

Na praia, Isadora se sentou na areia com Fin ao seu lado. Adotara o cachorro desde o desaparecimento de Julian, naquela noite de tempestade, meses atrás. Apesar da tristeza, convenceu o próprio coração de que o rapaz estava feliz, em um lugar melhor.

Ela nem podia imaginar o quanto.

Este livro foi impresso em papel pólen bold
na Renovagraf em junho de 2016.